SYLVAIN BÉLANGER

LA SPIRALE ÉVOLUTIVE

EN BREF

Les Éditions Ojas

Illustrations : Noée Mercier et Claude D'Aoust

L'illustration de la page couverture a été conçu par Noée Mercier

Dépôt légal :
Bibliothèque et Archives nationales du Québec
Bibliothèque nationale du Canada
Bibliothèque nationale de France

ISBN imprimé : 978-2-924042-08-3
ISBN PDF : 978-2-924042-07-6

Première édition

Publiée par Les Éditions Ojas
6-280 rue Grenoble
Ste-Adèle, Québec
J8B 2Z3, CANADA
(514) 842-4190 ou (33) 06-59-63-08-64
Courriel : contact@therapies-intuitives.com

Web : www.therapies-intuitives.com
www.sylvainbelanger.com

*Un grand merci à Noreen Bélanger
pour sa collaboration indéfectible
pour la conception de ce projet.*

SOMMAIRE

SPIRALE ÉVOLUTIVE INTRODUCTION

Après avoir effectué plusieurs milliers de lectures intuitives des champs subtils de clients, j'ai répertorié sept grandes familles d'âmes et 56 principaux états de conscience constituant les principales dynamiques énergétiques, psychiques et spirituelles que l'on retrouve chez l'être humain. Je nomme cette grille de lecture et de soin : *La Spirale Évolutive*.

Spirale car je perçois que la conscience est énergie; elle circule sous la forme d'une spirale et a tendance à élargir son champ de perception de façon continue.

Évolutive, car j'observe que cette énergie spiralée tend vers une organisation de plus en plus évoluée. Ces Spirales Évolutives produisent sur la conscience humaine des mouvements d'expansion favorisant l'expression des sept grandes énergies primaires que les familles d'âmes représentent.

Vous trouverez dans cet aide-mémoire un résumé des 56 principaux états de conscience que l'on retrouve dans la collectivité humaine. Cette grille de lecture s'inspire de près de 30 années d'observation intuitive des champs subtils et chakras que j'ai effectuées tout au long des années. Elle propose de développer un langage permettant de mieux comprendre le développement des chakras et leurs implications dans le développement de la conscience humaine.

J'invite le lecteur désireux de découvrir en détail la *Spirale Évolutive* de consulter le livre «Découvrez la *Spirale Évolutive*» publié aux éditions Ojas. Celui désireux de découvrir la *Pleine Conscience Intuitive* devrait consulter le livre «Décodage intuitif et soins psychoénergétiques» publié également aux éditions Ojas.

Je vous souhaite de belles découvertes!

Sylvain

PRÉSENTATION SOMMAIRE DES FAMILLES D'ÂMES, DES CONDITIONS ÉNERGÉTIQUES ET DES ÉTATS DE CONSCIENCE

Sur les fiches suivantes vous trouverez une définition de la *Spirale Évolutive* et une description sommaire des 7 chakras, 7 familles d'âmes, des 8 conditions énergétiques et des 56 états de conscience dont se compose la *Spirale Évolutive*. Finalement, vous découvrirez comment effectuer le profil de votre *Spirale Évolutive*.

Ces descriptions sommaires doivent être perçues comme des caricatures permettant d'identifier grossièrement l'état de conscience dans lequel vous vous retrouvez ainsi que votre entourage. Vous pourrez noter sur 10 (10 étant en parfaite résonance et 0 pas du tout en résonance) chacun des états de conscience appartenant à une famille d'âme pour déterminer votre degré de résonance avec chacun d'eux.

Rappelez-vous que ces états de conscience ne sont pas statiques et que vous pouvez retrouver plusieurs dynamiques psychoénergétiques chez une seule et même personne. L'important ici est de comprendre qu'il existe une réelle dynamique émotionnelle qui fait qu'un état de conscience s'active à un certain moment et qu'ensuite émerge un nouvel état.

Cet aide-mémoire vous permettra de rapidement vous référer aux différents états de conscience qui se manifestent en vous. Je vous propose maintenant de découvrir chacune des familles d'âmes et les huit états de conscience qui lui sont associés grâce aux tableaux récapitulatifs. Le lecteur désireux d'approfondir la présentation de ces états pourra consulter le livre «Découvrez votre *Spirale Évolutive*».

RAPPEL DES CORRESPONDANCES DES CHAKRAS

CHAKRAS	GLANDES ENDOCRINES ASSOCIÉES	ORGANES ASSOCIÉS	FONCTIONS PHYSIOLOGIQUES	QUALITÉS PERSONNELLES
RACINE	Surrénales	Tissus conjonctifs Colonne vertébrale Os • Dents • Ongles Jambes • Anus Rectum • Gros intestin Vessie • Colon Structure cellulaire, etc	Reproduction Élimination Toucher	Sécurité
SACRÉ	Gonades (ovaires et testicules)	Système reproducteur masculin dans sa totalité Reins • Vessie Sang • Lymphe Sucs gastriques, Sperme • Bassin Intestin grêle	Assimilation	Identité
SOLAIRE	Pancréas	Foie • Vésicule biliaire Rate • Estomac Système nerveux Diaphragme	Digestion	Affirmation
COEUR	Thymus	Coeur Cage thoracique Système circulatoire Sang • Poumons Nerf vague	Circulation Immunité	Reconnaissance de soi
GORGE	Thyroïde	Bulbe rachidien Cerveau reptilien Parathyroïdes Amygdales Pharynx • Larynx Cordes vocales Arbre bronchique Appareil respiratoire Canal alimentaire Cou • Nuque Mâchoires	Ajustement Métabolique	Expression Créativité
FRONTAL	Hypophyse	Hémisphères cérébraux Cerveau limbique Hypothalamus Cervelet • La vue L'ouïe • L'odorat Le goût • Le toucher Corps pituitaire Yeux • Oreilles • Nez Front • Visage • Sinus	Intégration Adaptation	Équilibre entre la raison et l'intuition
COURONNE	Pinéale	Glande pinéale Cerveau • Néo cortex	rythmes circadiens	Sentiment d'appartenance à l'univers

SPIRALE ÉVOLUTIVE
PRÉSENTATION DES FAMILLES D'ÂMES

LE BÂTISSEUR

Il possède une dominance de la région du bassin qui lui permet d'être à l'aise sur le plan physique afin de construire et créer la matière. Il a besoin de développer un pouvoir sur la matière afin de se donner un confort matériel.

Le bâtisseur équilibré correspond à l'expression juste de la famille d'âme du bâtisseur.

La blessure émotionnelle de l'abandon est souvent expérimentée lors de la naissance ou de l'enfance. Le sentiment d'abandon entraîne une perturbation qui inhibe l'expression juste de cette famille d'âme en produisant des déséquilibres, que l'on nomme condition énergétique.

LE COMMUNICATEUR

Il possède une dominance de la région sacrée étroitement reliée au développement de l'identité et de l'expression des émotions. Le chakra sacré se développe en permettant à l'individu de se définir grâce aux émotions qui surgit en lui et qui l'oblige à tenir compte de ses besoins. Cette connexion avec les émotions amène le communicateur à développer une connaissance de soi.

Le communicateur recherche la clarté avec lui-même d'où le désir de développer une authenticité envers lui et son entourage.

La blessure émotionnelle du rejet croît lorsque l'enfant développe son identité et qu'il n'a pas le sentiment d'être pleinement accueilli par son entourage. Ceci entraîne une perturbation qui inhibe l'expression juste de cette famille d'âme en produisant des déséquilibres que l'on nomme condition énergétique.

LE GUERRIER

Il possède une dominance du chakra solaire. Sa personnalité repose sur des instincts guerrier et de conquête. Il a besoin d'être vainqueur dans la vie. Le guerrier est impulsif et il est à l'aise dans l'action plutôt que dans la réflexion. Son impulsivité est stimulée par le désir d'avoir un impact sur le monde extérieur. Il aime s'affirmer et commander son entourage tout en étant capable de reconnaître les compétences de chacun.

Il est un chef qui coordonne les compétences de chacun afin de les optimiser.

La blessure émotionnelle de l'humiliation se développe lorsque le guerrier a le sentiment d'être ridiculisé lorsqu'il tente d'exprimer sa puissance. Ceci entraîne une perturbation qui inhibe l'expression juste de cette famille d'âme en produisant des déséquilibres que l'on nomme condition énergétique.

LE SERVITEUR

Il est associé à une dominance de la région du coeur. Le serviteur est un individu qui recherche avant tout la collaboration afin de créer un monde meilleur. Il est idéaliste convaincu que l'être humain peut être meilleur. Il aime se dévouer naturellement aux autres, tout en se respectant. Ce type est motivé par le désir de reconnaître ses valeurs et de proposer ce qu'il peut apporter à la société. Il possède une compassion naturelle et une très belle capacité d'accueil de soi et de son entourage. Aussi, il est doté d'une vision très évoluée de la société qui lui permet de proposer des structures familiales et sociales originales.

L'idéalisme qui l'anime peut cependant l'amener à vouloir concrétiser des projets qui ne sont pas réalistes, car trop avancé par rapport à son temps. Son objectif étant d'incarner sa vision d'un monde meilleur par sa propre façon d'incarner ce à quoi il croit. Son second objectif est de collaborer avec des gens ayant une vision commune à la sienne pour, ensemble, parvenir à créer ce monde meilleur.

La blessure émotionnelle de la trahison se développe lorsque le serviteur investi dans le désir de servir et expérimente une impression d'être trahis par son entourage. Ceci entraîne une perturbation qui inhibe l'expression juste de cette famille d'âme en produisant des déséquilibres que l'on nomme condition énergétique.

LE CRÉATEUR

Il possède une dominance de la zone de la gorge. Il a une intuition naturelle lui permettant de créer des nouvelles formes dans la matière et des nouvelles façons de faire dans le monde. Il devient alors un inventeur, un réformateur ou encore un créateur qui amène sur terre une nouvelle vision.

Le créateur est un visionnaire qui a de la difficulté à se contenter de ce qui existe sur terre. Il regarde la vie avec le sentiment qu'il y a toujours moyen de l'améliorer.

La blessure émotionnelle de l'injustice individuelle se développe lorsque le créateur n'est pas reconnu dans sa créativité. Ceci entraîne une perturbation qui inhibe l'expression juste de cette famille d'âme en produisant des déséquilibres que l'on nomme condition énergétique.

LE PHILOSOPHE

Il possède une dominance dans la zone frontale. Le philosophe équilibré possède une synchronisation des hémisphères cérébraux lui permettant une bonne communication entre l'hémisphère rationnel et intuitif.

Ceci lui permet de se connecter avec la sagesse intelligente de toute chose et de solutionner de façon intelligente et originale les problèmes de la vie. Le philosophe est un visionnaire et il devient très vite le sage capable de conseiller.

Le philosophe par la sagesse qu'il incarne aura souvent un impact sur la collectivité humaine.

La blessure émotionnelle de l'injustice sociale se développe lorsque le philosophe apporte un regard de sagesse qui est rejeté par la collectivité dominante. Ceci entraîne des résistances qui peuvent inhiber l'expression juste de cette famille d'âme. Il en résulte des déséquilibres que l'on nomme condition énergétique.

LE SPITITUEL

Le spirituel équilibré possède une bonne capacité de réalisation de soi et d'éveil à une conscience supérieure. Le spirituel est souvent en questionnement sur le sens de la vie durant la période de l'enfance et de l'adolescence. Lors de l'âge adulte, le spirituel ressent le besoin de répondre à ce questionnement en expérimentant plusieurs voies spirituelles. Son objectif est de s'aligner à son essence supérieure afin de donner un sens à sa vie. Le spirituel est alors au service d'une force spirituelle qui est plus grande que lui. Cette énergie stimulante et évolutive l'oriente dans sa vie. Le spirituel est inspiré et il suit la voie de sa vie sans se poser de question. Il peut être solitaire ou sociale, important ou sans histoire.

Le spirituel suit son chemin tout simplement. Il est cependant fréquent que le spirituel par sa connexion étroite avec l'énergie transpersonnelle entraîne des expériences de vie peu ordinaire.

La blessure émotionnelle chez le spirituel est l'injustice spirituelle. Elle se produit lorsque le spirituel a le sentiment de ne pas être reconnu à sa juste valeur par la dimension spirituelle. Ce sentiment d'injustice entraîne une perturbation énergétique qui inhibe l'expression juste de cette famille d'âme en produisant des déséquilibres que l'on nomme condition énergétique.

SPIRALE ÉVOLUTIVE
LES 8 CONDITIONS ÉNERGÉTIQUES

Nous retrouvons un état équilibré et sept états déséquilibrés.

Lorsqu'un déséquilibre se produit dans l'une ou l'autre des zones associées à un niveau de conscience, il produit une perturbation dans le rayonnement de la zone. La circulation énergétique n'est pas optimale et la communication cellulaire est perturbée ce qui s'observe par une modification du rayonnement de la zone concernée ainsi qu'une circulation amoindrie. Cet état énergétique ne favorise ni la santé ni l'expression des capacités d'un individu. J'ai observé que le déséquilibre énergétique peut se définir par sept états déséquilibrés. Les voici : **Le désaligné, l'hyperactif, l'hyperactif surchargé, l'hyperactif épuisé, l'hypoactif, l'hypoactif surchargé, l'hypoactif épuisé.**

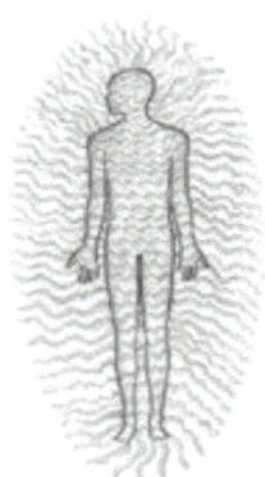

L'ÉTAT D'ÉQUILIBRE

Le rayonnement de la zone associé à un niveau de conscience se répartit harmonieusement tout autour du corps physique indiquant que les organes fonctionnent de façon optimale. Les énergies collaborent et indiquent que la personne est en harmonie avec elle-même. La circulation des énergies est fluide indiquant que chaque cellule, organe et système fonctionnent adéquatement. Chacun d'eux étant bien irrigué par la circulation du sang et bien protégée par l'activité immunitaire. Les énergies circulent du corps vers le cerveau et vice-versa signifiant que la relation psyché-corps se fait harmonieusement. La personne ressent un bien-être, d'être en santé.

L'ÉTAT DU DÉSALIGNÉ

Le rayonnement de la zone apparaît désaligné par rapport au corps physique. Un choc physique ou émotionnel est souvent à l'origine de ce désalignement. La zone se déconnecte de ses fonctions immunitaires et des mémoires émotionnelles pour se protéger de ce choc. La personne a l'impression d'être étrangère à la zone concernée, car elle n'est pas en contact avec elle. Les symptômes associés à ce désalignement sont; l'impression d'être possédé, épuisement sans aucune raison apparente, dérèglement immunitaire, etc.

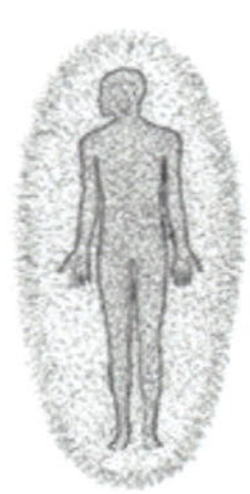

L'ÉTAT HYPERACTIF

Le rayonnement énergétique de la zone semble agité et donne l'impression que l'organisme est dans un état de surchauffe. La zone gaspille de l'énergie inutilement en dégageant trop de calories pour produire de l'énergie. La zone n'est plus en harmonie avec son rythme interne allant à un rythme trop rapide ou il n'y a jamais de moment de repos. Il s'en suit une dominance du système nerveux sympathique produisant dans la zone des déchets importants et des réactions émotionnelles trop forte. La chaleur produite de façon trop importante peut affecter le sang et les liquides organiques de la zone en les asséchant. Par exemple, une émotion peut perturber la zone solaire et affecter l'organe du foie. Les troubles fonctionnels associés à une hyperactivité sont fréquents, hypertension, impression de tension ou de douleurs diffuses dans le corps, brûlures d'estomac, diarrhée, sensation d'oppression thoracique, tachycardie, palpitation, hypertension, inflammation, etc.

L'ÉTAT HYPOACTIF

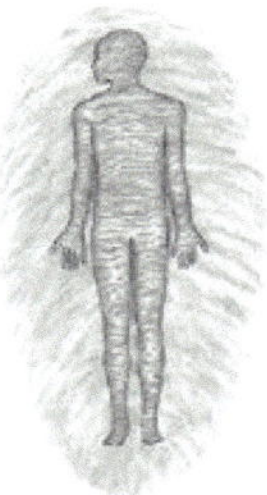

Le rayonnement de la zone semble dense et faible comme si l'organisme fonctionnait en dessous de ses capacités. La personne ne veut plus se retrouver dans une situation de danger ou de blessures et elle recherche donc une vie tranquille, routinière ou elle peut se sécuriser et contrôler au maximum sa vie. Il est fréquent que cette volonté crée des habitudes qui vont progressivement affaiblir la volonté mentale. Des habitudes de vie routinières peuvent apparaître, telles que, manger lorsque l'on n'a pas faim, boire de l'alcool pour se détendre, faire de la méditation pour fuir la réalité, développer une dépendance à la télévision, etc. Il peut en résulter un ralentissement des fonctions du corps. Ceci favorise la formation de dépôts et de déchets insuffisamment brûlés et par conséquent, non éliminés. L'organisme tout entier semble accumuler des déchets comme s'il voulait se densifier davantage. La personne hypoactive semble fuir tout défi que la vie peut lui apporter. Elle se sécurise en valorisant ce qu'elle connaît et en se fermant à l'inconnu. L'hypoactivité entraîne une dominance du système parasympathique. Les problèmes fonctionnels de l'hypoactif sont typiquement ; lourdeur digestive, prise de poids, constipation, sensation de trop-plein, sensation d'obstruction nasale, hypotension orthostatique, lipothymie, etc.

L'ÉTAT SURCHARGÉ HYPERACTIF ET HYPOACTIF

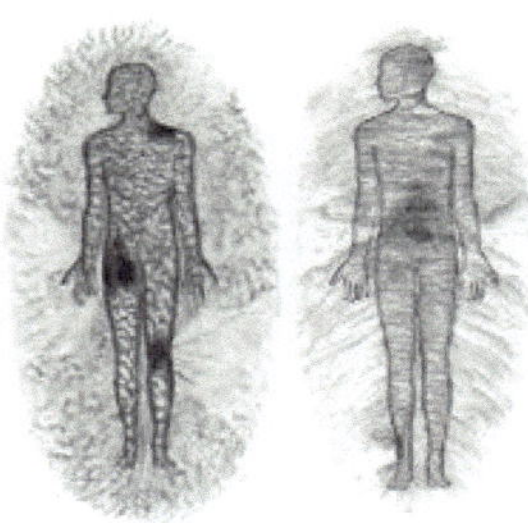

L'hyperactif surchargé, développe des surcharges associées à un trop-plein (ex.: production de déchets, surcharge des émonctoires, inflammation, congestion sanguine due à une augmentation du débit, etc.). La zone hyperactive surchargée ne parvient plus à soutenir le rythme trop rapide et elle s'assèche entraînant des signes de fatigue des organes associés.

L'hypoactif surchargé, développe une congestion de plus en plus importante (congestion du sang due à un ralentissement, sclérose, congestion, etc.). La zone hypoactive surchargée accumule l'énergie à un point où celle-ci devient stagnante affectant le fonctionnement des organes associés à la zone.

L'ÉTAT ÉPUISÉ DE L'HYPERACTIF ET DE L'HYPOACTIF

La perpétuation de la surcharge chez l'hyperactif et l'hypoactif favorise un état d'épuisement qui fait que l'énergie de la zone n'est plus en mesure de circuler adéquatement dans le corps. Le rayonnement énergétique de la zone apparaît plutôt absent et les organes associés sont dans un état de désorganisation donnant l'impression qu'ils ne collaborent plus. La personne épuisée est dans un état de fatigue global, dépressif, découragé et impuissant. Elle n'a plus envie de vivre.

L'hyperactivité épuisé favorise un assèchement des liquides du corps par la présence d'une trop forte chaleur énergétique due à l'incapacité de gérer correctement son énergie vitale. Il s'en suit un dérèglement du système immunitaire, une fatigue chronique, une impression de vide favorisant des réactions inflammatoires dans la région épuisé.

L'hypoactivite épuisé découle d'une stagnation d'énergie due à la non utilisation d'énergie vitale et de l'accumulation de déchets dans le corps. Il pourra en résulter des caillots, des kystes, des tumeurs, etc.

Ces états d'épuisements prédisposent aux développements de maladies dégénératives et du cancer.

FAMILLE D'ÂMES DES BÂTISSEURS

Chakra : Racine
Blessure émotionnelle : L'abandon

CONDITIONS ÉNERGÉTIQUES	ÉTATS DE CONSCIENCE	ARCHÉTYPES	CONSEILS
ÉQUILIBRÉ • Constructeur. • Va à son rythme. • Grande capacité de planification dans le temps. • Conscience de la notion du temps. • Recherche la sécurité. • Besoin d'investir à long terme. • Construire en harmonie avec les lois de la nature.	**LE CONSTRUCTEUR**	• Le clan • L'agriculteur • L'architecte • Le survivant	*Développer le respect de la Vie et fortifier l'équilibre*
DÉSALIGNÉ • Ce qu'il construit n'est pas solide. • Manque de structure. • Désorganisation dans la notion du temps et le rythme. • Manque de réalisme dans la planification. • Insécurité.	**LE DÉSORGANISÉ**	• La précarité	*Développer la simplicité*
HYPERACTIF • Besoin de posséder la matière. • Cherche à constamment augmenter ses avoirs financiers. • Besoin d'investir dans des projets qui vont se réaliser rapidement. • Manque de temps pour réaliser tout ce qu'il veut faire. • Tendance à prendre des risques.	**LE PROSPÈRE**	• Le matérialiste	*Développer la patience*
HYPERACTIF SURCHARGÉ • Flaire pour investir dans des projets qui rapportent rapidement. • Tendance à précipité les choses. • Besoin de posséder par prestige. • Besoin de dépenser et de faire de l'argent. • Prise de risques mal calculés pouvant entraîner une fragilité.	**L'ACCUMULATEUR**	• Le voleur	*Développer le lâcher-prise*

FAMILLE D'ÂMES DES BÂTISSEURS (SUITE)

CONDITIONS ÉNERGÉTIQUES	ÉTATS DE CONSCIENCE	ARCHÉTYPES	CONSEILS
HYPERACTIF ÉPUISÉ • Lassitude. • Ressent une incapacité à poursuivre le rythme. • Impression qu'il faut faire le vide autour de soi. • Désir inconscient de tout perdre. • Tendance à prendre des décisions hâtives pour se libérer de la lourdeur matérielle. • Prêt à recommencer à zéro et ce même si c'est à son détriment.	**LE SABOTEUR**	• L'imprévisible	*Développer le discernement*
HYPOACTIF • Besoin de lenteur dans tous ce qu'il entreprend. • Perfectionnisme et pointilleux. • Besoin d'une grande sécurité amenant la prise d'action difficile. • Se contente de peu.	**LA SIMPLICITÉ VOLONTAIRE**	• Le traumatisé	*Développer l'engagement*
HYPOACTIF SURCHARGÉ • Extrême lenteur. • Obsession des détails. • Tendance à vouloir tout garder. • Tendance à ruminer le passer. • Beaucoup d'attachement à ce qu'il a. • Beaucoup de difficulté à terminer un projet. • Difficulté de fonctionner au même rythme que son entourage. • Sécurité excessive créant. des comportements non-adaptés aux situations.	**LE THÉORICIEN**	• La culpabilité	*Développer la fidélité*
HYPOACTIF ÉPUISÉ • Attachement au passé. et accumulation de la matière. • Épris du détail entraînant l'immobilisme. • Accumulation et attachement au passé. • N'accepte pas que la vie se transforme.	**L'INSATISFAIT**	• L'infidèle	*Développer le détachement*

FAMILLE D'ÂMES DES COMMUNICATEURS

Chakra : Sacré
Blessure émotionnelle : Le rejet

CONDITIONS ÉNERGÉTIQUES	ÉTATS DE CONSCIENCE	ARCHÉTYPES	CONSEILS
ÉQUILIBRÉ • Besoin d'être authentique avec lui même. • Recherche l'authenticité avec son entourage. • Besoin de clarté. • Possède une identité claire et solide. • Présence magnétique favorisant un certain succès auprès de l'entourage.	L'AUTHENTIQUE	• Du psychologue • De l'avocat • Du journaliste • Du comédien	*Développer l'authenticité*
DÉSALIGNÉ • Manque d'authenticité envers soi-même et les autres. • Capable de se mentir à lui même et à son entourage. • Se raconte des histoires pour se rendre intéressant auprès de son entourage. • Romantique qui tend à inventer des histoires d'amour qui n'existent pas.	L'INCOHÉRENT	• Le fantaisiste	*Développer le réalisme*
HYPERACTIF • Séduit afin d'influencer les autres. • Manipulateur afin d'obtenir ce qu'il veut. • Verbomoteur car pour lui la parole est essentielle pour exister. • Besoin de s'imposer pour se faire entendre. • Excellent pouvoir de persuasion.	LE PERSUASIF	• Le séducteur	*Développer la sincérité*
HYPERACTIF SURCHARGÉ • Hautain et supérieur pour manipuler les autres plus facilement. • Irrévérencieux qui ridiculise son entourage pour se mettre en valeur. • Impose à autrui sa vision des choses.	LE MANIPULATEUR	• Du rebelle • Du sorcier • Du prostitué • Du politicien	*Développer le respect*

FAMILLE D'ÂMES DES COMMUNICATEURS (SUITE)

CONDITIONS ÉNERGÉTIQUES	ÉTATS DE CONSCIENCE	ARCHÉTYPES	CONSEILS
HYPERACTIF ÉPUISÉ • Tente de manipuler son entourage en développant des stratégies de séduction et de manipulation qui sont trop évidentes. • Dépit, car il constate qu'il ne peux manipuler comme il le veux. • Rejet de l'entourage dû à son côté hautain et supérieur. • Isolement et solitude.	**L'IMPUISSANT**	• Le pervers	*Développer le détachement*
HYPOACTIF • Dépendant de son entourage. • Souhaite être en harmonie avec son entourage. • Ne dévoile pas facilement ce qu'il ressent. • Se soumet trop facilement à autrui. • Victime de son entourage car il donne trop de pouvoir à celui-ci.	**LE DÉPENDANT**	• Le détachement	*Développer l'empathie*
HYPOACTIF SURCHARGÉ • Tendance à se fondre à son entourage comme un caméléon. • Se fait manipuler par son entourage car il veut croire à ce que son entourage lui dit. • Ferme les yeux devant l'inacceptable.	**L'ESCLAVE**	• Du sacrifice	*Développer l'honnêteté*
HYPOACTIF ÉPUISÉ • Découragement et impuissance. • Impression d'être envahi par les demandes de son entourage. • Impression d'être dominé et docile. • Désaccord entre ce que l'on ressent et ce que l'on fait.	**L'INDIFFÉRENT**	• Le sarcastique	*Développer le partage*

FAMILLE D'ÂMES DES GUERRIERS

Chakra : Solaire
Blessure émotionnelle : L'humiliation

CONDITIONS ÉNERGÉTIQUES	ÉTATS DE CONSCIENCE	ARCHÉTYPES	CONSEILS
ÉQUILIBRÉ • Besoin de développer du pouvoir dans sa vie. • Besoin de s'affirmer et d'être un leader. • Besoin d'avoir de l'autorité. • Besoin d'agir. • Capable de reconnaître les talents des autres pour fortifier son pouvoir. • Capable de collaborer avec les autres pour augmenter son pouvoir.	LE CHEF	• Du soldat • Du protecteur • Du roi	*Développer le meneur*
DÉSALIGNÉ • Refuse d'être un chef. • Tendance sado masochiste manifestant une autorité sur les autres (sadique) pour ensuite prendre la position de soumission (masochiste). • Marginalité afin d'exprimer une façon différente de s'affirmer. • Anti conformisme, désireux de réinventer les relations de pouvoir pour les rendre plus juste.	LE REBELLE	• Du justicier • Du malhonnête	*Développer l'originalité*
HYPERACTIF • Agressif et compétitif qui aime se mesurer aux autres pour gagner. • Autoritaire qui aime s'imposer aux autres. • Colérique, car il ne peut supporter la lenteur et l'incompétence. • Domine son entourage naturellement.	LE CONQUÉRANT	• Le dominant	*Développer le pouvoir*
HYPERACTIF SURCHARGÉ • Utilise son pouvoir pour humilier les autres. • Prêt à tout pour vaincre. • Colérique, car exagérée. • Sentiment que l'on doit se comporter comme s'il était un roi ou une reine. • Peut être brutal pour prendre sa place et s'imposer aux autres.	LE DESPOTE	• Le despote	*Développer la collaboration*

FAMILLE D'ÂMES DES GUERRIERS (SUITE)

CONDITIONS ÉNERGÉTIQUES	ÉTATS DE CONSCIENCE	ARCHÉTYPES	CONSEILS
HYPERACTIF ÉPUISÉ • Domine son entourage en s'imposant à lui contre son gré. • Critiques exacerbées envers son entourage pour démontrer qu'il est le seul à avoir raison. • Médisance envers son entourage pour s'assurer qu'il est le seul qui est sans reproche. • Dominant qui ne craint pas d'utiliser sa force mentale ou physique pour soumettre son entourage à ce qu'il à ce qu'il veut.	LE TÉMÉRAIRE	• La brute	*Développer la prise de décision*
HYPOACTIF • Passif avec peu d'énergie. • A l'aise dans la position de subalterne et de second. • Indécision envers toutes prises de décisions. • Accepte la position de dominé.	LE DIPLOMATE	• Le dominé	*Développer la responsabilité*
HYPOACTIF SURCHARGÉ • Impression que son entourage a un pouvoir sur lui. • Se soumet aux autres entraînant des relations de domination. • Tolère la prise de pouvoir physique (colère, insultes, agression physique).	LE TRAÎTRE	• Le sournois	*Développer le pardon*
HYPOACTIF ÉPUISÉ • Manque d'estime de soi. • Soumission absolue. • Se laisse envahir par les autres comme une véritable passoire. • Abus de son entourage.	LE MÉDISANT	• L'esclave	*Développer l'individua-lisation*

FAMILLE D'ÂMES DES SERVITEURS

Chakra : Coeur
Blessure émotionnelle : La trahison

CONDITIONS ÉNERGÉTIQUES	ÉTATS DE CONSCIENCE	ARCHÉTYPES	CONSEILS
ÉQUILIBRÉ • Responsabilité saine et normale favorisant l'autonomie. • Compassion naturelle. • Amour de soi. • Accueil de soi et de son entourage. • Se dévoue pour les autres naturellement. • Demeure détaché dans sa façon de se dévouer. • Il ne le fait pas pour des intérêts personnels.	L'HUMANISTE	• L'engagement • Le missionnaire • Du soignant • De l'amoureux	*Développer le service*
DÉSALIGNÉ • Insensibilité vis-à-vis son entourage. • Manque de connexion avec lui-même et les autres. • Impression de ne pas avoir de sentiment. • Dureté envers autrui et soi même.	L'IDÉALISTE	• Le rigide	*Développer l'humilité*
HYPERACTIF • Devient au service des autres. • Sert naturellement sans compter. • S'oublie pour répondre aux demandes de son entourage. • Responsable des autres créant de la dépendance.	LE DÉVOUÉ	• Le dévoué	*Développer l'amour de soi*
HYPERACTIF SURCHARGÉ • Besoin de donner pour exister sinon impression de vide. • Prend la responsabilité des autres. • Veut faire à la place de la personne. • Confusion identitaire car impression de ne pas exister pour lui-même. • Sentiment fusionnel avec autrui. • Attachement qui le rend dépendant de ce besoin de donner.	LE SAUVEUR	• Le donneur	*Développer la solitude*

FAMILLE D'ÂMES DES SERVITEURS (SUITE)

CONDITIONS ÉNERGÉTIQUES	ÉTATS DE CONSCIENCE	ARCHÉTYPES	CONSEILS
HYPERACTIF ÉPUISÉ • Perte de son identité après avoir été trop présent pour son entourage. • Impression de ne plus avoir le contrôle de soi-même. • Symptômes d'envahissement empêchant le fonctionnement normal de l'individu. • Impression d'être possédé, envoûté, intoxiqué par autrui.	**LE POSSÉDÉ**	• Le désabusé	*Développer l'équilibre*
HYPOACTIF • Égoïsme et est tourné vers ses besoins. • Peur de donner aux autres. • Est un preneur. • Demande des services mais n'en donne pas.	**LE NARCISSIQUE**	• L'égoïste	*Développer le don de soi*
HYPOACTIF SURCHARGÉ • Impression de mériter que l'on s'occupe de lui. • Se sent à l'aise de prendre. • Opportunisme afin de profiter au maximum des situations. • Se relie aux personnes pouvant lui apporter quelque chose.	**LE PROFITEUR**	• Le traître	*Développer la générosité*
HYPOACTIF ÉPUISÉ • Dépendance auprès de son entourage. • Devient un parasite qui profite au maximum. • Envahit son entourage par des demandes constantes. • Tendance à harceler par ses demandes. • Vie dans un monde d'attente qui n'est pas collé à la réalité. • Perception de la réalité qui repose sur la déception.	**L'ABUSEUR**	• Le pervers	*Développer l'empathie*

FAMILLE D'ÂMES DES CRÉATEURS

Chakra : Gorge
Blessure émotionnelle : L'injustice individuelle

CONDITIONS ÉNERGÉTIQUES	ÉTATS DE CONSCIENCE	ARCHÉTYPES	CONSEILS
ÉQUILIBRÉ • Inventivité, créativité et nouveautés. • Réalisation de projets inventifs et créatifs. • Individualité et indépendance. • Originalité.	L'INSPIRÉ	• L'inventeur • Le magicien	*Développer l'inventivité*
DÉSALIGNÉ • Esprit futuriste. • Projets irréalisables. • Manque d'organisation intellectuelle. • Manque de sens pratique.	L'EXTRAVAGANT	• Le désinvolte	*Développer le réalisme*
HYPERACTIF • Esprit vif qui a tendance à se disperser. • Projets multiples et trop nombreux. • Difficultés à concrétiser.	LE DISPENSÉ	• Du verbomoteur • L'irréaliste • L'avant-gardiste	*Développer la lenteur*
HYPERACTIF SURCHARGÉ • Créativité confuse et dispersée. • Manque de temps et de concentration. • Énergie allant dans toutes les directions sans orientation claire et précise.	LE TROP PRESSÉ	• L'inachevé	*Développer la capacité de réalisation*
HYPERACTIF ÉPUISÉ • Trop d'énergie dans la tête entraînant une trop forte attention vers la réalisation futur des nombreux projets. • Incapacité de réaliser tout ce qu'il a comme idée d'où un sentiment d'échec. • Tendance à nourrir des projets créatifs qu'il ne parvient pas à réaliser. • Nécessité de faire le deuil de plusieurs projets créatifs afin de concentrer son attention sur ce qui peut se réaliser.	LE SÉLECTIF	• L'exterminateur	*Développer la capacité de choisir*

FAMILLE D'ÂMES DES CRÉATEURS (SUITE)

CONDITIONS ÉNERGÉTIQUES	ÉTATS DE CONSCIENCE	ARCHÉTYPES	CONSEILS
HYPOACTIF • Absence de créativité. • Mimétisme. • Conformisme. • Manque de confiance en soi. • A appris à faire comme les autres plutôt que de se faire confiance.	LE JUSTICIER	• Du silencieux • Du pessimiste • Du méticuleux • De la justice	*Développer l'accueil de la nouveauté*
HYPOACTIF SURCHARGÉ • Ennui et perte de temps. • Impression de recommencer toujours la même chose. • Manque de motivation car conscient qu'il ne vas pas au bout de ses capacités. • Sentiment de vide dû à son manque de confiance.	LE CONVENTIONNEL	• Le démotivé	*Développer le plaisir*
HYPOACTIF ÉPUISÉ • Impression de tourner en rond et d'être dans le vide. • Déprime dans la tête car il n'y a plus de motivation à se réaliser. • Impression que le corps est inutile car le cerveau ne parvient pas à stimuler des actions qui briserait la routine. • Sentiment d'échec.	LE DÉPRESSIF	• Le découragé	*Développer l'apaisement*

FAMILLE D'ÂMES DES PHILOSOPHES

Chakra : Frontal
Blessure émotionnelle : L'injustice sociale

CONDITIONS ÉNERGÉTIQUES	ÉTATS DE CONSCIENCE	ARCHÉTYPES	CONSEILS
ÉQUILIBRÉ • Témoin de la vie et sagesse. • Observateur objectif de la réalité. • Équilibre du rationnel et de l'intuition lui permettant d'avoir une vision globale. • Solutionne de façon intelligente et originale les problèmes de la vie. • Utilise la pensée créatrice pour se réaliser.	LE SAGE	• Du sage • De l'éveillé • Du libre arbitre	*Développer la sagesse*
DÉSALIGNÉ • Vision du monde qu'il veut originale. • Volonté de se réaliser de façon marginale. • Tendance à se regrouper avec des personnes partageant la même marginalité. • Volonté d'être différent, car impression qu'il ne peut s'adapter à ce qu'on lui demande d'être.	L'IMPOSTEUR	• Du charlatan • Du contestataire	*Développer le réformisme*
HYPERACTIF • Pensée intuitive pouvant être irrationnelle. • Tendance à croire plutôt qu'à démontrer. • Convaincu d'être spécial et d'avoir une mission de vie spéciale. • Croit à une destinée, à un karma où le libre arbitre est peu présent. • Impression d'être en contact avec des forces invisibles. • Tendance à se regrouper atour de gens ayant la même croyance. • Tendance à vouloir prêcher la bonne parole.	L'INTUITIF	• Du médium • De la synchronicité • Du destin	*Développer la raison*
HYPERACTIF SURCHARGÉ • Accepte de suivre les règles pour faire partie d'un regroupement de personnes ayant des idées semblables (religieux, spirituel, philosophique, etc.). • Impression exagérée que l'on peut modifier la réalité par le pouvoir de la pensée. • Confond ses désirs avec la réalité. • Paresse mentale et peu d'analyse. • Volonté d'imposer sa croyance aux autres.	L'IRRATIONNEL	• Du fou • Du sorcier	*Développer le réalisme*

FAMILLE D'ÂMES DES PHILOSOPHES (SUITE)

CONDITIONS ÉNERGÉTIQUES	ÉTATS DE CONSCIENCE	ARCHÉTYPES	CONSEILS
HYPERACTIF ÉPUISÉ • Explique sa vie par des croyances spirituelles ou religieuses. • Tendance à suivre aveuglément les exigences du groupe ayant une pensée commune à la sienne (perte de jugement). • Devient extrémiste dans les actions à poser pour faire progresser l'humanité. • Esprit de sacrifice avec la conviction que celui-ci peut engendrer des transformations importantes.	LE FUYANT	• De l'illusion	*Développer la sagesse*
HYPOACTIF • Pensée scientifique et rationnelle. • Sa logique repose sur des faits démontrables. • Tente de convaincre par des démonstrations scientifiques. • Ne se positionne pas lorsqu'il n'y a pas de faits ou de preuve justifiant une hypothèse. • Capable de remettre en question ce qu'il pense lorsqu'il constate que de nouvelles preuves vont dans le sens contraire.	LE SCIENTIFIQUE	• Du rationnel • De l'intellectuel • Du juge	*Développer l'intuition*
HYPOACTIF SURCHARGÉ • Subjectivité intellectuelle ayant un parti pris. • Tendance à construire son rationnel autour des faits qui vont l'aider à valoriser ce à quoi il croit. • Apparence d'être objectif lorsqu'il émet une pensée alors qu'il est subjectif due aux choix biaisés qu'il prend. • Tente de convaincre avec un regard subjectif.	LE SCEPTIQUE	• De l'incrédule	*Développer le discernement*
HYPOACTIF ÉPUISÉ • Rigidité intellectuelle qui est fermé à toutes remises en questions. • Fermeture d'esprit et entêtement. • Étroitesse d'esprit. • Hyper rationnel. • Rejet de ce qui n'est pas démontrable. • Tendance obsessionnelle pour convaincre son entourage qu'il a raison.	L'ÉTROIT D'ESPRIT	• Le fanatique	*Développer le lâcher-prise*

FAMILLE D'ÂMES DES SPIRITUELS

Chakra : Couronne
Blessure émotionnelle : L'injustice spirituelle

CONDITIONS ÉNERGÉTIQUES	ÉTATS DE CONSCIENCE	ARCHÉTYPES	CONSEILS
ÉQUILIBRÉ • Réalisation de soi. • Éveil d'une conscience supérieure. • Harmonie avec lui-même et l'univers. • Réalisation de la mission de vie.	LE RÉALISÉ	• Du réalisé • Du maître	*Développer l'alignement*
DÉSALIGNÉ • Impression de devoir se sacrifier pour sauver le monde. • S'investit dans des organisations pour améliorer le monde. • Citoyen du monde désireux d'être présent là ou il est possible de changer quelque chose. • Rebelle et contestataire pour réveiller le monde.	LE PRÉTENTIEUX	• De l'abandonnée • Du déchu • De l'élu	*Développer l'humilité*
HYPERACTIF • Spirituel qui ressent le besoin d'incarner sa spiritualité sur terre. • Développe une vie spirituelle lui permettant de se réaliser dans le plan terrestre en accord avec ses convictions religieuses et/ou spirituelles. • Sentiment que ses croyances sont supérieures à celle des autres. • Tendance à fuir dans la vie spirituelle lorsqu'il se trouve confronté à des obstacles dans la vie terrestre. • Plus intéressé à comprendre l'univers que la vie sur terre.	LE DÉSINCARNÉ	• Du religieux • Du sauveur	*Développer l'enracinement*
HYPERACTIF SURCHARGÉ • Impression d'être un extra-terrestre sur terre justifiant son manque d'intérêt pour la réalité terrestre. • Valorisation trop importante de la vie spirituelle. • Sentiment d'être supérieur aux autres. • Besoin d'incarner sa supériorité en la justifiant par des affirmations non vérifiables. • Besoin d'être admiré et d'être entouré de personnes qui le servent.	L'ÉTHÉRÉ	• Du martyr • Du sectaire • Du maître et du disciple	*Développer la présence à soi*

FAMILLE D'ÂMES DES SPIRITUELS (SUITE)

CONDITIONS ÉNERGÉTIQUES	ÉTATS DE CONSCIENCE	ARCHÉTYPES	CONSEILS
HYPERACTIF ÉPUISÉ • Développe des pratiques spirituelles excessives. • Soumission aveugle envers les autorités religieuses ou spirituelles. • Manque de discernement envers les croyances imposées. • Tendance à suivre aveuglément les règles. • Rigidité dans sa vision du monde. • Danger de perdre son identité dans un regroupement qui impose sa vision. • Fuite dans la réalité spirituelle. • Besoin de renouer contact avec son identité.	LE DÉLIRANT	• Du tyran	*Développer le discernement*
HYPOACTIF • Pratique la simplicité volontaire. • Sentiment d'absurdité. • Impression que la vie n'a pas de sens. • Attraction pour les plaisirs des sens par dépit et ennui. • Regarde la vie dans sa réalité terre à terre.	L'EXISTENTIALISTE	• De l'athée • De l'épicurien • De l'immoral	*Développer la foi*
HYPOACTIF SURCHARGÉ • Tendance à la déprime car au fond de lui il se demande quel est le sens de la vie. • Alterne entre la dépendance et la répulsion envers les plaisirs des sens. • Dur avec lui-même et capable d'être sans limite dans des excès.	LE DÉPRESSIF	• De l'isolé	*Développer la valeur de la vie*
HYPOACTIF ÉPUISÉ • Sentiment de désintérêt et de détachement envers la réalité terrestre. • Perte de focus entraînant une suite d'activité sans orientation claire. • Comportement instable pouvant favoriser des actes d'autodestructions.	LE DÉVITALISÉ	• De l'hédoniste • Du désespéré	*Développer la position de témoin*

DÉCOUVREZ VOTRE SPIRALE ÉVOLUTIVE

Découvrer votre *Spirale Évolutive* en notant le degré de résonnance pour chacun des états de conscience. Vous avez à noter pour chacun des états de conscience votre degré de résonance en les notant de 0 à 10. Vous pourrez inscrire l'état de conscience ayant la note la plus dominante pour chacune des familles d'âmes dans le tableau ci-dessous. Vous pourrez ensuite additionner les notes pour chacun des états de conscience dont se compose une famille d'âme. Vous pourrez retranscrire le total pour chaque famille d'âme dans le tableau permettant d'identifier votre profil de la *Spirale Évolutive*. Vous pouvez reprendre cette procédure afin d'évaluer le profil de la *Spirale Évolutive* d'une personne de votre entourage. Ces descriptions sommaires doivent être perçues comme des caricatures permettant d'identifier grossièrement l'état de conscience dans lequel vous vous retrouvez ainsi que votre entourage.

Rappelez-vous que ces états de conscience ne sont pas statiques et que vous pouvez retrouver plusieurs dynamiques énergétiques chez une seule et même personne. L'important ici est de comprendre qu'il existe une réelle dynamique émotionnelle qui fait qu'un état de conscience s'active à un certain moment et qu'ensuite émerge un nouvel état. Cet aide mémoire vous permettra de rapidement vous référer aux différents états de conscience qui se manifestent en vous.

FAMILLES D'ÂMES	TOTAUX DES ÉTATS DE CONSCIENCE DOMINANT
LES BÂTISSEURS	
LES COMMUNICATEURS	
LES GUERRIERS	
LES SERVITEURS	
LES CRÉATEURS	
LES PHILOSOPHES	
LES SPIRITUELS	

PROFIL DE LA SPIRALE ÉVOLUTIVE

	Familles d'âmes	BÂTISSEUR	COMMUNICATEUR	GUERRIER	SERVITEUR	CRÉATEUR	PHILOSOPHE	SPIRITUEL
	Chakras	Racine	Sacré	Solaire	Coeur	Gorge	Frontal	Couronne
	Plus haut pointage							
CONDITIONS ÉNERGÉTIQUES DES ÉTATS DE CONSCIENCE	ÉQUILIBRÉ							
	DÉSALIGNÉ							
	HYPERACTIF							
	HYPERACTIF SURCHARGÉ							
	HYPERACTIF ÉPUISÉ							
	HYPOACTIF							
	HYPOACTIF SURCHARGÉ							
	HYPOACTIF ÉPUISÉ							
	Observations :							

CONCLUSION

Le but de la *Spirale Évolutive* en bref est de vous introduire à cet enseignement afin de rapidement consulter les 56 principaux états de conscience dont il se compose, Vous pourrez ainsi utiliser ce livre comme un aide-mémoire vous permettant de plus facilement intégrer l'enseignement plus complet que vous retrouverez dans le livre «Découvrez votre *Spirale Évolutive*» publié aux éditions Ojas.

Vous pouvez également découvrir le quiz gratuit pour identifier votre chakra- dominant- **https://sylvainbelanger.com/formulaire-quiz/**

Également, vous pouvez suivre les enseignements de la *Pleine Conscience Intuitive* et des soins de la *Spirale Évolutive* à des fins personnelles et professionnelles que je propose sous la forme d'enseignement en ligne et en présentiel. Cet enseignement vous permet de développer la lecture intuitive et soins de l'aura et des chakras tant à un niveau énergétique, psycho-émotionnel que spirituel.

Pour découvrir les 5 programmes d'accompagnement personnalisés dont celui sur la *Spirale Évolutive*- **https://www.therapies-intuitives.com/formation/accompagnements-personnalises/**

Pour découvrir les programmes professionnels et la spécialisation sur la *Spirale Évolutive*- **http://formations-formation-de-base.developpement-conscience.com/page-vente-formation-professionnelle-de-base.php**

www.therapies-intuitives.com

www.sylvainbelanger.com

France : 06 59 63 08 64

Canada : 514-842-4190

Printed in France by Amazon
Brétigny-sur-Orge, FR

13961492R00018